JN439089

# 맨발의 99만보

시산맥 기획시선 049

# 맨발의 99만보

시산맥 기획시선 049

초판 1쇄 발행 | 2017년 4월 15일

지 은 이 | 김신영
펴 낸 이 | 문정영
펴 낸 곳 | 시산맥사
편집주간 | 김광기
편집위원 | 안차애 유정이 전해수
등록번호 | 제300-2013-12호
등록일자 | 2009년 4월 15일
주　　소 | 03131 서울특별시 종로구 율곡로 6길 36.
월드오피스텔 1102호
전　　화 | 02-764-8722, 010-8894-8722
전자우편 | poemmtss@hanmail.net
시산맥카페 | http://cafe.daum.net/poemmtss

ISBN 978-89-98133-79-5 03810

값 9,000원

* 이 책은 2016년 경기문화재단 창작기금으로 제작되었습니다.

* 이 도서의 국립중앙도서관 출판시도서목록(CIP)은 서지정보유통지원시스템 홈페이지(http://seoji.nl.go.kr)와 국가자료공동목록시스템(http://www.nl.go.kr/kolisnet)에서 이용하실 수 있습니다.

# 맨발의 99만보

김신영 시집

*본문 페이지에서 한 연이 첫 번째 행에서 시작될 시에는 〈 표기를 한다.

## ■ 시인의 말

무릎 위에
오랜 유적이
세월을 달고
덜그럭 거리다가
의자에 앉아도 우는 소리

바람 부는 오늘
안개를 만나니
더욱 크게 울린다.

맨발의 99만보의 유적
심장이 뜨거웠던 기록

영혼 잃은 그대가
우주를 떠나

내가 울어
질식하던 시간

별이 무수히
빛나던.

2017년 2월 김신영

## ■ 차 례

### 1부



### 2부

## 3부

# 1부

# 세상에서 가장 달콤한 팥죽

동지섣달 팥죽은
아버지의 것이었다
아니, 아버지가 팥죽을 끓이면
모든 계절이
동지섣달 깊은 밤이 되었다
젊은 날 노동판에서 굵어진 손마디와
굳어진 어깻죽지가 제일 좋아하였다
무좀 걸린 발가락과 버거운 다리가
더욱 좋아하였다
나의 어린 날,
어머니는 세상에서
아버지의 팥죽이
가장 달콤하다고
잦은 푸념을 늘어놓았다
팥죽은 밤마다
요란스럽게 끓어 대었다
고양이도 팥죽을 얻어먹고
조용해진 밤이었다

# 녹두시티 녹두거리*

불콰한 얼굴로
등이 굽은 수레가
이사하면서 즉사하는 책들 옆에서
천년의 철학을 들추다
들추다 구부러진 허리
날이 저물어 고물상에 도달한다
펴질 날 없는 허리를 부여잡는
녹두천하대장군, 녹두지하여장군이 버린
폐기 처분된 고물이 난삽한 지도를 그리는
녹두집 없는 녹두시티 고물상에 가면
천년의 철학 한 권에 30원
공무원 수험서 한 권에 30원
한 달 알바로 샀던 3만 원짜리
법서가 30원이 된다
천년고도 비경의 도시가
세상을 이끌던 성자의 목소리와
도시를 굽어보는 건설의 복무병과
어울려 동동주에 넘어지는 곳
산 빛이 고운 차마고도를 지나
유구한 강을 흐르는 철학이

모두 고물상에 넘어갔다
수레에 넘치도록 담긴 하늘의 보고가
이제 긴 잠을 자야 하는 시간,
제 무게에 짓눌리어 구겨지고 찢어진
수레는 민들레와 함께 시궁창에 처박혀 있다
할머니가 담벼락에 앉아 담배를 물어
세월을 낚아 연기에 꿰어 놓는다
오래된 만큼
무거워진 철학을 찢어 방석을 삼고
오늘의 총서 천년고서가
30원이 되어 탁배기 한 사발에 안주가 되는 날
신문지상이 떠들썩하게
할머니 주변에 쌓이고
죽음이 가깝도록
아직도 무겁고 무거운
삶의 고물상이여

*서울 신림동 고시촌의 다른 이름.

# 엉거주춤

당신은
엉거주춤에 대해 아시나요?
다섯 시 같은 시간에
무언가를 기다리는 것처럼
어디에서 엉거주춤 거리며
세상을 둘러보는 춤인데 말이죠

저녁에서 아직 밤이 오기 전에
엉거주춤한 허리 부여잡고 걸어가는 춤
저녁에서 이어지는 그 시간
고전과 새로운 미학 사이 어딘가
막연하게 주춤거리고 있는 자리
서지도 앉지도 못하고 반쯤 서 있는
이 시대의 새로운 춤

이 춤에 대해 들어본 적이 있나요?

이도 저도 아닌
사람들의 엉거주춤은
얼마나 고단한 춤사위인가요?

이쪽도 저쪽도 아닌 인생들이
엉거주춤 거리며 거리에 떠돌고 있어요
살아가는 일이 무척이나 고된
발라드풍도 섹시한 댄스도 아닌
정말이지 인기 하나 없는
이 춤사위

한번
추어
보실래요?

## 씽크 홀sink hall*

당신을 무척 사랑했던
모양입니다
갑자기 마음 복판에
커다란 홀이 생겨 버렸습니다
추억이 깃든 기찻길과 가로수길
그대와 차를 마시던 모든 공간까지
그대로 사라져 버렸습니다
그대가 즐겨 읽던 책과
늘 신고 다니던 신발까지
무저갱에 도착했는지
끝 모르는 어둠의 나락으로
떨어지고 말았습니다
당신이 아끼던 물건들이 하나 남김없이
떠나가 버리고 말았습니다
그대가 나를 사랑하긴 했었지요?
흔적 없이 밑이 푹 빠져버린 커다란 홀이
내 앞에 있을 뿐입니다
내가 그대를 사랑하긴 했었지요?
소중하게 마음창고에 가두어둔 것들이
이젠 손에 잡히지 않습니다

이윽히 그대 눈매를 그려보니
지난 세월을 짐작할 수 있을 뿐입니다
그대를 사랑했던 일이
움푹 패여 버린 홀이
이제 와서도 나를 엄청스레 놀라게 하네요
가다가 혹여 깊이를 모르는 홀을 만나거든
잊지 못해 푹 꺼져 버린 흔적이라
여겨 주실 수는 있는지요?

*씽크홀(sinkhole)이란, 지표 아래로 흐르는 지하수가 순간적으로 빠져나가거나, 그 윗부분의 암석이 무너져 내리며 발생하게 되는 커다란 홀.

# 적멸寂滅

돌이켜보면,
나를 흔들어 대던 바람은
한밤의 먼지에 불과했습니다
태양 같은 강열로 후벼내던 가슴도
지나간 밤기운에 불과했습니다
손사래 치며 나를 거부하던 문장까지
불볕에 사라지는 물기에 불과했습니다

잊고자 누워 있던 바위에서 싹이 틉니다
삶을 끊고자 던져버린 불모지에도
번뇌가 싹이 틉니다

내내 한 생각도 하지 않고자
오래 걸어온 길에 거미줄이
아침마다 눈앞을 가립니다
떨쳐내고자 하여
한 생각도 일어남이 없이
지극에 이를 수 있다던 경전의 말씀은
모든 것이 헛되고 헛되다고 노래한
긍휼로 남았습니다

〈

우리는 다시 만날 수 없습니다
청천 같은 당신의 말씀은
하늘이 북새가 될 때에야
자취를 드러내었습니다
덧없이 한 사람이 떠나고 나자
바람이 몹시 불었던 게지요
적멸에 들고자 하였던
멀리가지 못한 한 생각도
큰 바위 끝 모서리에
불쾌한 빛깔로 남았습니다

## 노르카프* 가는 길

1

며칠을 그대 생각만 했습니다. 그대는 북극의 극지방에서 하얀 밤을 지새우고 계시겠지요. 오늘은 그곳, 노르카프에 갑니다. 북위 71도 10초의 북쪽 끝마을에서 당신이 밤 새워 생각했던 오지에서의 생각에 내 생각이 멈췄습니다. 아무나 갈 수 없는 곳, 밤이 오지 않는 곳에서 낮의 일들만이 있는 그곳에서, 당신이 본 것은 무엇이었을까요? 이 세상의 끝을 보았을까요? 아니면 키 큰 나무들이 견디어 내는 극한의 바람을 만났을까요? 다른 사람들이 노르카프에 가기 위해 서두르고 있습니다. 나보다 당신을 먼저 만나기 위해서 인지도 모릅니다. 나도 서둘러 떠나야 하겠습니다.

2

항상 대낮인 곳에서 가끔은 어두움만 있는 곳이 궁금했습니다. 당신은 어두운 곳에는 가지 말라고 말씀하셨지요? 그렇지만 눈으로 보는 세상만을 탐지하는 저는 어두움이 주는 세상이 궁금해 어두움으로 한발 내딛었습니다. 칠흑같이 어두운 곳에서 제 생각은 두려움으로 가득 찼습니다. 어두움 속에서 만나는 것들은 대부분 미물이었습니다만, 미물은 어두움에 익숙하게 길이 들어, 나보다 어두움을 잘 다스리고 있었습니다. 보이지 않아도 볼 수 있는 미물의 눈은 당신과 닮아 있었습니다. 내가 개척하지 못한 곳은 오지가 아니라 어두움이었습니다.

3

돌이켜 보면, 당신의 말씀이 옳습니다. 위대한 당신의 경지가 그 길을 따라오는 것이 현명하다고 말씀하십니다. 그러나 나는 인생이 겪는 밝음과 어두움이 궁금했습니다. 당신의 말씀은 빛 가운데 있었고 나는 이도 저도 아닌 중간에서 당신을 바라보고 있었습니다. 당신은 어두움을 경계하라 하셨고 어두움을 멀리하라고 하십니다. 미물의 세계는 저의 미지와 무지의 혜안, 그 정점이었습니다. 그곳은 사람들이 비웃는 어두운 곳이었으니까요.

4

내가 엉뚱하게도 당신의 말씀을 오해하지 않았는지 다시 생각합니다. 나는 그다지 명석하지 못하므로 당신의 말씀을 잘못 알고 있었다는 생각에 이르렀습니다. 당신의 말씀은 세상의 어두움을 어두운 것 자체를 말하는 것이 아니라 비유와 상징인 것을 간과하였습니다. 세상의 어두움은 빛이 비춰지 않는 곳에 있지만 일체의 고통체인 악을 의미한다는 사실입니다. 악을 어두움이라 칭하시고 그 어두움에 가까이 가지 말라는 것인데

빛이 없는 어두움과만 동일시하여 혼돈을 자초하였습니다. 어두움이 악이 아니지요. 일체의 고통을 악이라고 할 수 없듯이.

5

당신이 백야의 마을에 가신 이유는 어둠의 동굴에 간 저와는 상반되는 것임에는 틀림없습니다. 위대한 당신은 백야에 매료되었고, 미물인 저는 어두움이 궁금했던 것입니다. 어두움은 처절하고 슬픈 공간입니다. 자신을 어두움에 내맡기고 그곳에 어떤 위험이 도사리고 있는지 알지 못한 채 살아가고 있기 때문입니다. 어두움의 나락에 떨어져 몇 번씩 죽을 고비를 넘겼습니다. 그럴 때마다 빛을 떠나온 것을 후회하였습니다만 내 생각에는 변함이 없었습니다. 어떠한 어두움이 오더라도 견뎌내야 한다는 것이었지요.

6

어떤 어두움에도 빛이 있다는 사실은 하나의 진리입니다. 빛을 만들 수도 있고, 흐린 빛에 길이 들어 밝게 볼 수도 있고, 그냥 어두움에서 길을 찾을 수 있었습니다. 감각에 의존하여 찾는 실체는 분명하지는 않았습니다. 어두움이 어두움만이 아니었습니다. 어두움에 속하여 하나의 미물이 된 나를 깨달을 수 있었습니다. 어두우면 사람들은 두려움에 떨면서도 스스로 악해진다는 것입니다. 아무도 보지 않거나 아무도 볼 수 없다는 것은 커다란 유혹입니다.

7

이제야 알았습니다. 밝음도 어두움도 사람의 마음에 달려 있다는 것을요. 밝은 마음을 가지고 있다면 아무리 어두움에 가더라도 빛 가운데 있는 것이고, 악한 마음을 가지고 있다면 아무리 빛 가운데 있더라도 어두움에 속한 것이라는 사실입니다.

*노르카프 : 유럽의 최북단, 극지, 노르웨이 최북단에 있는 곳. 백야 현상을 볼 수 있다.

# 혹한의 시계[視界] 1

7월인데, 혹한이 찾아왔습니다
아무것도 보이지 않습니다
찬바람이 불고 흰 눈이 쏟아졌습니다
나무들은 흰 눈을 이고 무거운 가지를 늘어뜨렸습니다
들도 길도 모두 하얗게
넓은 들이 되어 버렸습니다
사방이 고요하고 모든 것이 평등해졌습니다
이 밤,
길은 보이지 않습니다
지도를 펼치며 길을 찾아 나섭니다
길은 모조리 평평한 들판이 되어
한 발짝 내딛는 것이 무저갱으로 가는 길인지……
길마저 무섭습니다
이 세상 모든 것이 무저갱이 되었습니다
7월인데, 갑자기 찾아온 이 겨울이 끝나지 않습니다
멀리 산등성이도 흰 눈으로 쌓이고
무사히 길을 찾을 수 있을까요
이 하루를 지나면 살아 있을까요?
아무것도 보이지 않는
길이란 길은 모조리 끊긴

이 날
길을 찾는 것이 무모한 밤입니다
평평하다고 해서 디딤 발을 삼았다가
크레바스일 수도 있습니다
그러나 가지 않을 수 없습니다
이 자리에 머물 수는 없습니다
온도는 점점 더 내려가고
어둠은 가실 줄을 모르고
눈은 녹을 줄도 모릅니다
다리가 떨리고 아파옵니다
한 쪽 다리에서는 피가 흐르고
더 걷는 것이 힘들어집니다
난 무사히 길을 다 갈 수 있을까요
이 하루가 지나면 살아 있을까요?
아무것도 보이지 않는 오늘,
길이란 길은 모조리 끊긴 날입니다

## 혹한酷寒의 시계視界 2

7월에 혹한이 찾아왔습니다
땅은 보이지 않습니다
하얀 눈이 땅을 가리고 있습니다
돌과 돌 사이, 울퉁불퉁 돌로 된 길을
미끄러져 휘청이며 걸어야 했습니다
산마다 계곡마다 고여 있는 물은 얼어버렸고
가운데 흐르는 물은 세차게 흘렀습니다
함부로 물을 건너다가 얼음장 밑으로 꺼질지
세차게 흐르는 물에 휩쓸릴지 알 수가 없습니다
어쩌다 초원을 만나기도 했습니다만
초원을 지나면 다시 눈 덮인 언덕을 걸어야 했습니다
가다가 다치기도 했습니다
치료 받지 않으면 생명이 위험할지도 모릅니다
추위에 얻은 상처는 잘 낫지 않는데
살이 찢어지고 피가 흐릅니다
나는 무사히 그곳으로 갈 수 있을까요
이 산맥, 나의 선조도 결코 오지 않았던 길입니다
눈과 눈을 넘고, 또 넘어, 그곳으로 갔습니다
차는 갈 수도 없고 짐승에게 의지했습니다
지도에서 그곳을 확인하며 걸었고

낚시로 다 가져가지 못한 식량을 보충했습니다
얼마나 가야할지, 가다가 비까지 왔습니다
만년설 위에 계속 비가 오더니
아침에는 눈으로 쌓이기 시작했습니다
눈이 내립니다
텐트에 쌓인 눈을 치우면서
지도를 뚫어져라 쳐다보았습니다

# 이 풍경

신탁이 물러가고 오랜 시간이 지났다
이곳은 악마가 사는 곳이란 전언이 왔다
사람들은 벌벌 떨다가
십자가 목걸이를 하고
성경을 외우며 시간을 보냈다
성경을 읽고 성호를 긋는 한
그들은 악마로부터 멀리 있었다
그런데 머리에 뿔을 달고
긴 지팡이를 든 사람도 성경을 읽고 있었다
그도 성경을 들고 말하였고
성호를 그으며 소원을 빌었다
사람들은 동요했다
저들이 우리처럼 성경을 읽으니
저들은 누구인가?
게다가 그에게 젖과 꿀을 팔았으니
우리는 악마가 되었을까?
나도 그들처럼 성경을 읽고
하늘을 향하여 소원을 빌고
성호를 그었으니
나는 누구일까?

시간이 무척 지나자
그는 더는 우리들과
구별이 되지 않았다
머리에 뿔 같은 것은 없었다
마을은 더욱 성경 읽기에 몰두했고
절기가 되면 소원을 빌었으며
날마다 하늘을 향하여 성호를 그었다

# 기도하지 않는 날이 늘었습니다

두 손을 가지런히 모으고
기도하는 날이 줄었습니다
하나님께 무릎 꿇지 않고
생각 없이 사는 날이 많아 졌습니다
어머니를 찾아뵙지 못하고
날이 밝아도 숨어 지냈습니다
줄 일은 생각하지 않고
못 받은 사랑만을 탓했습니다
받은 것은 기억하지 못하고
내 것을 주기는 싫었습니다
고양이 배고파 밤새 운다 해도
생선 한 조각 내어주지 않았습니다
맨드라미 씨 검은 뼈에 귀 대고
하나님과 속살거리던 청춘을 지나니
물길 막힌 세상 만나 길이 트이지 않는다고
한탄을 거듭했습니다
세상이 어려울 때에 용감해 지는 것이라고
지금 이 판국을 탓했습니다
그럼에도 불구하고
강물이 흐르고 있습니다

어제 흘렀던 강물에
몸을 담글 수 없듯이
알지 못하는 사이에
거대한 물살이
매일 바다로 흘러
들고 있었습니다

## 불혹의 시말서

한 번도
사랑한다는
고백 없이
불혹을 넘겼습니다
사랑을 위해
이 세상 끝까지 간 적은
더구나 없었습니다
어떤 일이든지 일찍 가지 않았고
늘 헐레벌떡 지각을 일삼았습니다
먼저 말을 건네지 않았고
앞에 나서서 말하지도 않았습니다
열정이라는 단어조차 알지 못한 채
반생을 살았습니다
눈물을 펑펑 쏟을 만큼 서글픈 일도
너무 아파서 죽음의 길목에 간 일도 없습니다
밋밋한 삶에 미지근한 삶에
너무 달지도 시지도 않은 과일처럼
크게 웃어 본 일이 언제인지
즐거운 일도 없이
좁은 문구멍을 통해 밖을 내다보았으며

야산에 올라 야호를 외치고
몇 번 공을 차다 숨이 턱에 오르는
빈약한 생이었습니다
하나님께 죽음을 각오하고 맹세하지 않았고
누군가를 위해 목숨을 건 적은 한 번도 없습니다
그저 하루하루 구걸하듯이 되는 데로
미미하게 미물이 되어
작은 일에 작게 웃고
작게 떠들고 작게 걸었습니다
목숨은 가늘고 길어져서 뱀꼬리를 달았습니다
십요하게 사냥을 한 적이 없어
기쁨으로 넘쳐나는 만찬을 맛보지도 않았으며
격식을 갖출 필요는 더더구나 없었습니다
떨릴 만큼 위대한 존재 앞에 서 본 적도 없으며
내 스스로 아무도 감동시키지 못했습니다
그럭저럭 죽을 둥 살 둥 아등바등
제대로 된 것은 하나도 없고
이룬 것도 하나 없습니다
눈물겨운 반생입니다

# 제육저장 창고

제육을 재어 창고에 넣어두던 터럭입니다
매일 창고에 한 그릇씩 제육을 재어 창고에 쌓아둔
하계에 조응하는 언어를 부리는 터럭이란 말입니다
하루에 한 그릇이라지만 종일 뛰어다녀야 했습니다
창고가 제법 채워질 무렵 창고를 비워
반지하 방을 하나 얻어 살림을 차렸습니다
그리고 다시 제육을 넣어 창고에 넣기 시작했지요
그런데 이번에는 무엇이 잘못되었는지
제육에 자주 벌레가 붙었습니다
벌레도 창고에 살림을 차리고 행복과 번영을 구가하였겠지요
벌레와 한참을 싸워도 소문난 잔치집이 되어버린 창고는
채우는 것이 무의미해지고야 말았습니다
살림을 차린 지 십 수 년이 지났습니다
창고를 더 이상 가질 수 없었던 세월이었지요
제육을 쌓을 수 없게 되자 밤낮을 두고 뛰던 걸음마저
몹시 무겁고 마음에 그늘이 생겼습니다
어느 해인가 제육을 쌓을 수 있는 날도 있었습니다만
다음 해에 벌레가 나서 모두 없애버렸지요

제육 창고를 더 이상 채울 수 없으니
이 마음도 채울 수 없어
하나님도 가지 말라는 하계를
슬그머니 드나들었습니다
그리고는 어느 여름 반지하에 물이 들이닥쳤지요
양동이 가득 물을 퍼내고 역류하는 하수구를 막고
차수 모래를 쌓았습니다.
그 여름에 뜨거운 햇빛이 지하에 내려와
창고를 비추고 있었습니다
하계에 조응하던 이 터럭을
뜨겁게 태우고 있었단 말입니다

# 별시래기

시래기가 품은
하얀 별이 바스락거린다
시래기가 맞은 눈이
젖은 채 뽀드득거린다
별을 품고 살아온 만큼이나
시래기는 서걱서걱

시래기도 무게를 단다
빨랫줄에 걸려 얼어붙었던 만큼
바람에 흔들리며 날아가 버린 만큼
가난한 무게가 달린다

바람을 치우다가
별을 품어버린 시래기를
맑은 물에 담가 큼직하게 무를 썰고
고등어를 넣어
그가 안고 있는 바람을 끓인다

하얀 뭇별이 함께 올라오고
시래기는 바람소리를 낸다

살랑 부는 바람이 한 쪽 볼에
뜨겁게 긴장을 불러온다
입 안에서 별이 벙글거린다

# 너희들의 산타

사랑을 나누어 마신 분신들이
한자리에 모여
때로 몹시 보고 싶었다고
털어놓는 입가에 묻은
쏟아지는 시럽이 달콤하다
혈족의 아이디가 달콤하다

이마에 물수건을 얹어 뜨거운 밤을 식혀주고
가방을 들어 서로의 버거운 유년을 들어 주었지
눈물 흘릴 때 서로의 언덕에 기대어 속삭이던 말
나는 다 들을 수 있었어
어릴 적부터 6년 동안이나 너희들의
빈약하고 작고 가난한 산타크로스였거든
눈이 오면 더 좋았지 우리의 밤
내일은 기대의 선물을 볼 수 있으니
이제 계절의 뒷자락을 타고
너희들도 산타가 되는 구나
각자의 언덕에 즐거운 선물을
마련하는 산타가 되었으니
오늘이 해맑아진다

새해 붉고 둥글게 타오르는
태양 같은 우리의 나눔이
여기 그득히 있으니
우리, 그 사랑을 나누어 깊이 마시리니
오늘은 불멸의 밤이다
이전보다 더 붉은 태양이
이 밤이 지나면 선연히 떠오르리니

# 소리의 옹립擁立

오래되었어, 바위틈에 세 들어 사는
내 활자들이 이 거리를 쓸면서 비척거린 지는.
붉은 미진微塵이 수목과 큰 강을 지나
길에서 길을 만나 깔깔거렸지

바위산에서는 내 정보가 네게로 넘어가는 소리
화면에 담겨 아우성치느라 그 끝이 환하다
소리에 네가 담겨 오고 내가 담겨 가고
미세한 소리 하늘을 넘어 건잡을 수 없어
대머리 독수리는 폭풍을 쏘아 우주까지 제압하였다

하여, 소리 내지 마라, 누군가 너를 낱낱이 읽으리
움직이지 마라, 너의 발자국 남김없이 읽히리
울지 마라, 너의 울음 구곡간장 곡곡에 들리리
가지 마라, 준비하지 않았다면 실망뿐이리

잘생긴 얼굴 왕느릅나무가 황제로 옹립되어
파리들 둥글게 모여 열렬하게 박수치는 소리가 울린다
고사목 군락에서 그가 가지를 흔들며
헛기침하는 소리 계곡에 가득히 울린다

〈

아니다, 진물 흘리는 상처, 진초록물이 드는 소리
수백 마리 응애가 이파리에 붙어 응애응애 진을 빠는 소리
불붙는 불개미 수천 마리 젖은 잎으로 둥지 짓는 소리
염소 똥을 굴려 만든 집, 나뭇잎을 돌돌 말아 지은 집도 없이
평생 홈리스로 유령이 되어 우주를 떠다니는 우리 발소리
풀 여치가 뒷다리를 떠는 소리, 고사리가 새벽에 기지개 켜는 소리
버섯이 먹물을 지고 가는 소리, 집유령거미가 그물망 치는 소리
바위틈 이끼가 한철 물 마시는 소리
그, 틈, 에, 나의 황제가 있다

# 낙엽

당신이 보낸 편지
무작위로 읽어보라 하신
순서도 없이 읽어보라 하신 지고한 연서
눈여겨 읽지 않아도
수백 통의 연서는
이 시간 땅에 뒹굴고
우수수 땅에 뒹굴고
당신은 셀 수 없는 연서를
몰래 혼자서 읽으라고
바람을 타고 훌쩍
지상에 날려 보냅니다
수백 통의 연서를
오늘은 한 장 한 장 읽다가
나도 붉게 물들어 해가 집니다.

# 2부

# 콘크리트 키드

벽에서 향기가 난다
향기마다 바람에 실려
별밭으로 간다
어머니의 고향 같은 향기
내가 실려 갈 어느 바다 같은 향기
내 살이 콘크리트 향을 담았다
오래도록 꼬리를 물고
직각의 벽을 탄다

매끄러운 벽에 손을 대면
가볍게 미끄러지는 회백질의 가루
이것이 살의 근본이다
언젠가 붉은 살이 돌아가야 할
매끄러운 봉분이다

하여 근본이 반듯한 꿈을 꾸고
무너질 리 없는 벽을 타고
기어오르는 노래가
회백질 가루를 실었다

## 바람의 회랑

하얗게 걸어 도달한 바람의 구간
맨발로 천천히 걸으며 시를 읽었다

묶어둔 12월의 입김이 새어 나와
그도 맨발로 둑길을 걸었다

깊은 산에 들어가 버렸던
지난해의 입김까지 걸어 나와 같이 걸었다

셋집은 창백해져서 말이 없었다
꽃들에게 지고 나니 바람만 보였다

내가 그어놓은 금에 내가 들어가지 못해
흔들리는 마음, 회랑기둥에 쭈그려 앉아

애꿎은 시를 한 글자 한 글자 짚어 내렸다
신열이 나서 뜨거운 낱말이 떨어져 나왔다

눈비가 피해서 지나가고
일사日射가 피해서 지나가면

산뜻한 바람이 불어 왔다

길을 잃은 신전은
불을 갖고 있었다
불은 상처에 봉헌 되었다

우리의 봉헌이
그해에 조심스럽게
발표되었다

# 시맹詩盲에게

한 줄 시를 읽지 않는 너는,
너는 시맹이다
시는 읽지 않고
버라이어티 쇼와 대중의 심리에 줄을 맞추어
날마다 삶이 녹녹치 않다고 노래 부르지 않니?

네가 한 줄 시를 안다면
세상은 너를 향해 인화人花로 피어날 거야
노을과 바다와 하늘과
동산에 가득한 꽃과 나무와 새들이
해 아래 모두 새것으로 보이겠지
울다가 지친 네 누이의 부어버린 눈두덩이에
얽힌 슬픔까지도 걷어 줄 수 있을 거야

네가 한 줄 시를 안다면
세상의 유쾌한 웃음소리가 들려 올 거야
인생의 깊은 철학이 머릿속에 집을 지을 수도 있겠지
내가 진실을 말하면 농담으로 받아치고
슬픔을 말해도 가벼운 잡담으로 치부하지

〈

네가 한 줄 시를 안다면
진실과 슬픔에 무게를 달고 한 줄 시를 쓸 텐데
존엄한 사랑과 맑은 영혼에게 바치는
열 줄의 시를 쓸 텐데

간혹 시를 쓰는 일이 무의미하게 느껴져
세상은 달라지지 않고 사람들은 더 독해지잖아
요즘 세상에 누가 시를 쓰느냐고 말하지
아니 요즘 세상에 누가 시를 읽느냐고 말하지
그래도 나는 오늘 한 줄 시를 써,
시로 전복되는 세상을 꿈꿔

# 화려한 시판

나는 심장을 떼어주고 무엇을 써야 하나?
내 영혼을 팔고 무엇을 노래하나?
성기를 잘라 국을 끓이고
제 살을 잘라 구워먹고
핏빛이 흐르는 아이스크림을 핥고
수문 양반 왕자를 노래하는……
자신의 살덩이를 떼며 핏빛을 바르고
시체와 엽기를 추켜세우며 성기를 팔고
성추문으로 표류 중인 시인들이 한판이다

세상의 낭만을 다 가진
시인들의 대명사 섹시, 살인, 엽기……
핏빛이 낭자한 시판
아버지를 찌르는 살인과
어머니를 끓여 먹는 패륜이 들끓고
간음과 강간이 끊일 날이 없다
시판은 오래전부터 매음굴
대변기가 되어
수없이 배설을 해대고
제대로 먹었으니 모두 빠져 나오려고

우레 같은 소리를 내고 있다

욕망을 빼고 깊은 하늘빛을 노래한다면
여지없이 핏빛을 칠할 저기 저 시인들을 좀 봐
요즈음의 시는 그런 것이 아니라고 손가락질해대겠지

그대의 운율은 사람을 찌르는 흉기이니
그대의 시상詩想은 강간의 도구이니
난자된 가슴을 도려내어
저울에 무게를 달고
저당 잡힌 돈 덩이만큼 가져가서
다시는 시판에 오지 마라
육신을 십자가에 매달고
물과 피를 뿌리며 멸망하여라

# 옹고집 계보학

아직도 붓을 들어 쓰고 있다는
팔순 아버지의 뿌리 깊은 족보 대하록
책상 위에 펼쳐진 흐린 정신을 쓸면서
날마다 쓰고 지우는 글씨들 난삽하네
옹고집 훈장님 아들 가방꼬리가 짧아
노상에서 노상 삽질을 했지
뼈마디 굵은 손가락으로 먹물을 찍어
동몽선습 천자문을 적었지

바람결에 소학이 80고개 언덕까지 따라와
한지[韓紙]에 펼쳐보는 청정한 소리
죽기까지 한 삽의 상투를 틀어 올려
한 치도 굽히지 않던 아버님 소리가
한 올의 머리카락도 조상으로 빗어 올리는
옹고집 머릿결이 손수 책을 매고
외우는 경전, 우주에 낭랑하다

이간질 학문은 가르칠 수 없다고
문경새재 넘어 박달재 오지 산골에
수구골통 조상 할아버지 오롯이 상투를 세워

망건 탕건 정자관을 모두 쓰고
무단에 휩쓸리는 대대손손
아들딸은 손수 가르쳐 가방끈이 없네
사장의자에 앉아도 현장잡부가 최고 이력이네

한 주먹밖에 안 되는 상투를 무덤까지 가져간 쇠고집
뭇등에 성성한 풀도 상투 틀고 앉아 저마다 옹고집
이다
아직도 한 올의 머리카락까지 조상의 것이라고
한 오라기도 내놓지 않겠다는 도포자락
단아한 학이 하늘 높이 날고 있다

# 아스클레피온*

공허에서 내려오는 하나님의 손은
우리들의 아픔에 도달하자
가볍게 떨렸습니다

귀퉁이가 다 닳도록 읽는 허름한 성경
당신의 말씀에 항상 충실하라고
그렇게 나직이 말씀하십니다

보는 눈이 없는 자들은
성경도 물건도 집어 던지지만
우리들은 여기에서 하나도 헌 것이 없고
하나도 버릴 것이 없습니다

당신의 너그러운 말씀에 기대어
괜찮다, 괜찮다 하시는 말씀에
창가에 앉아 손을 모으고
당신을 만납니다
다디단 잠을 잡니다

때로 온 마음을 다하여

기도의 손을 올리면
우주를 걷는 하나님의 손과 악수를 하고
여기에 당신의 휘장이 내려오고
당신은 횃불같이 기적같이
우리를 치유하십니다
우리는 다시 살아납니다
당신을 만납니다

*정신과 육신을 동시에 치유하는 2세기 로마시대 고대종합치유병원.

# 어머니, 시는 요

어머니, 제 걱정은 하지 않으셔도 돼요
저도 이제 어른이 되었어요
시를 쓰면서 불어오는 바람
궁생원이 되어 때로 헤진 옷에 시를 적어요
구차한 이슬을 마실 때도 있고요
혹한기가 닥쳐와 절필할 때도 있지만
이제는 당신이 더 걱정입니다

어머니, 시는 불편했던 옛 기억이에요
시는 당신이 내미는 손 주름, 시간을 헤쳐 온 바람
거리에 앉아 훔치던 눈물, 멀리 가버린 민들레와
안개를 만나는 화려한 정원입니다

어머니, 시는 요
찬찬히 읽으면서 뜻을 생각해보는 거예요
시는 어머니가 산이고 아버지가 강이에요
아이들은 희망이고, 빛이에요
어머니 세상은 요, 하늘이고 정원이에요
정원을 가꾸는 정원사는 바로 나예요
나, 나는 요……

아직도 나에게 도달하지 못했어요
정원에서 홀로 시 쓰는 밤이 깊어요
내 시는 하현달 아래 홀로 있어요
어두운 정원에서 무지개를 꿈꾸거든요

아, 그리고 어머니,
가끔은 글자들이 비열하게 싸움을 거니까 조심하세요
어떤 글자들은 숨은 뜻을 위해 아주 맹목적이거든요
나도 시를 위해 맹목적인 것처럼요
글자에 비수를 숨겨 놓고 가끔은 찔려 죽어도 좋으니
까요

그렇지만 안심하세요
하늘이 늘 어두운 것만은 아니잖아요
내 시도 외출을 하고 놀이공원에 가니까요
궁생원들이 모두 온천에 모였다는 소식이에요
영원 같은 거, 집의 안락, 기도 같은 거
거기 내려놓고 오려구요

# 어머니의 나랏말씀

오롯한 당신의 노체가 글씨에 그대로
열 칸짜리 국어공책 칸칸마다
천천히 점선을 따라
우 리 나 라 대 한 민 국 나 너
밟 읽 넓 흙 굵 없 않 닭 삯 앎
또박또박 나랏말씀으로 채우는 중이다
받침글씨가 제일 어렵다고 투정하는 당신
가부좌 글씨가 자로 잰 듯
손힘이 꾸욱 꾹 박혀 있다

오늘에야 초등학생이 된 아씨 어머니
나랏말씀이 가슴에 하얀 손수건 날개를 달고
바람자락 한번 용하게 휘어잡고
글자에 놀라지 않는 산토끼가 되어
동그란 눈이 발갛게 되도록 책을 옆구리에 끼고
한 글자 한 글자 융숭한 대접을 한다

어머니의 나랏말에 시간이 쏟아지고
자간에 그간의 여백이 자리를 편다
더듬더듬 글자가 기지개를 펴고 일어나

받침 글자까지 어머니표가 되면
우물에 두레박 내려 글자를 길어 올리는 소리

초등학교 운동장에서
처음으로 손가락 짚으며 읽는 책
아이처럼 천천히 푸른 유리마차 타는
어머니의 나랏말씀이 금강산자락이다
책등에 햇살이 쏟아진다
9월의 미소가 입가에 번진다

# 암행 도서관

시가 바람이 되어 혼자 도서관을 걸을 때
시를 읽고 시로 목을 축이는 소년을 만났다
시가 인생에 별 도움이 되지 못한다고 일러주려고 했다
내가 궁색의 나락으로 내몰리자 시는 더 한량없이 울고 자는데
쓸쓸한 도서관에서 만난 소년은 시를 천천히 읽고

내 친구들은 요즘 시를 읽지 않아요
만화책이 제일 재미있는 말을 가져갔으니 그렇지
만화책 말고 다른 책은 읽을 생각이 아예 없는 걸요
핸드폰이 위대한 낱말을 몽땅 가져갔으니 그렇지
핸드폰에도 시가 있는데 그건 더 안 읽어요
컴퓨터가 훌륭한 문장을 모조리 가져갔으니 그렇지
컴퓨터에도 시가 있는데 컴퓨터로도 시를 읽지 않아요
그래 맞아, 요즘 아이들은 시를 읽지 않지

무엇이 네게 이 알 수 없는 시를 읽게 하였지
시를 읽으면 이상하게도 마음이 편해져요
그래 그렇지, 시는 마음을 평온하게 해주지
깔보는 말보다 놀리는 말보다 좋은 말이 많아요
아이들은 놀리는 말을 제일 먼저 배우거든요

〈

시는 놀리는 말보다 깔보는 말보다
좋은 말이 수백수천가지는 더 되지
시는 저에게 좋은 말을 많이 알려 줘요
흉보는 말보다 야단치는 말보다 좋은 말을 알려줘요
시를 읽으면 엄마를 만난 것처럼 편해져요
그래, 엄마가 멀리 계신가 보구나
엄마를 만나려면 한 달에 한 번 멀리 가야해요

좀 알려 줄까
별은 꿈이야, 내일도 되고, 자기가 바라는 소망이야
여기 구름은 가고 싶은 세상이지
여기 나무는 쑥쑥 자라는 아이들이야
바람이나 눈은 시련이야, 견뎌내야 하는 것들이지

내 시가 곤궁나락에서 구정물을 쓰고 울며 잘 때
뜻밖에 소년이 시에 말을 걸고 손을 잡고 불을 지피고
인생이 시로 가득 차던 그리운 날을
시를 만나 가슴이 뜨거워 신비한 우물을 마구 마시던,
별과 구름과 바람을 만나던 시간을 부르고 있었다

# 나팔꽃에 깃든 사랑

짙은 연무 속에
거센 바람으로 기억되기
방석에 앉지 않고 서성거리기
다시 안개 속에 꼭꼭 박혀서
등보이지 않기
곧게 펴지 않고 구부린 등이
뭉뚱그려져 우물쭈물 사라지기
바람을 안고 가는 이마엔
햇살 들지 않기
보라색 가지 꽃을
잠재워 두지 못한 열두시에
힘없이 피어 오른 안개가
머물다 간 정오 같은

너는 무슨 힘으로 피어올라
바람을 안고 가는가
우리의 사랑
저녁이면 나팔꽃처럼
넝쿨손에 기대인
풀대같이 흔들리는 사랑

바람처럼 여린 고백이 사라진다는
한순간 아침의 서늘한 옷자락
바람이 흘러간 자국은
들판에 지천으로 쏟아지고
연보라 스펙트럼
하늘 너울이 된다

# 고속도로 옆 함박눈

이런 거 한 채만 있으면 되는데
어떤 집보다 더 어여쁜 화장실에서
문득 두둑한 살림이 들어가 나오질 않는다
집에 가도 집이 없는 저녁이 따뜻해진다
화장실도 이렇게 조리 있는데
우리 집이라는 거, 그거 하나가 없어
사방이 낭하가 된다
바로 옆에서 고속으로 달리는
음속 자동차들
고속도로 옆 낭하 틈새에
형광등 빛이 들어오는 밤
내 집이라고 못 박고 살지 못해서일까
짜임새를 갖춘 건물만 보면
살림이 먼저 들어가 자리를 잡는다
이런 거 하나만 있으면 되는데
길이 깊은 낭하로 떨어진다
멀고 긴 길을 돌아왔어도
아직도 길이 길에 연하여 손을 내밀고
내민 손들을 부여잡고
찬바람을 막아선 따뜻한 화장실에서

얼른 자리를 털지 못하고
하늘을 메우고 떨어지는 함박눈을
맑은 유리창으로 바라본다
눈물 섞인 함박눈이
하얗게 사리가 되어
수북이 쌓인다

# 공중을 걸어 허공에 도착했지

공중을 걸어 허공중에 도착했지
극지방을 걸어 사막을 걸어
유기산이 풍부한 매실 추출물을 마시고
돼지태반 썬블럭으로 직사광直射光을 막아
찬란한 스펙트럼을 동굴 속에 감쪽같이 감추었어
몸 안에 어떤 빛살 하나도 남겨선 안 돼

빛이 몸에 새어 들어
암덩어리가 된 언니를 알고 있어
그 언니, 열 첩의 의사들을 만나 가슴을 도려냈지
집도하는 의사들은 영험한 하나님이야
가슴속에 자라난 풀을 아무도 모르게
잘라내 아주 멀리 던져버리거든

천천히 걸어 긴 회랑으로 와
거긴 하얀 은하수가 흘러
젖과 꿀이 흐르는 곳 말이야
사람들 가슴에서 잘라낸 풀이
푸릇하게 자라는 곳이지
풀을 가슴에서 키우느라 힘들었지?

여기 사람들은 선한 사마리아인이야
이웃에게 자비를 베풀지

먼 훗날 증기공장의 굴뚝이
만남을 주선한다고 했어
나는 회랑에서 책을 읽고 있어
하얗고 푸른 꽃을 안고 한참을 울지
내가 나를 안고 한참을 울지

# 하얀 나무

어디서 마른 나물 냄새가 난다
죽은 나무에게서 나는 냄새다

지상에서 가지 못한 여행
죽어서 가기 위해 얼굴에
금빛을 칠하는 하얀 나무
아주 오랫동안 멀리 다니려고
빼곡하게 여행 지도를 그려 넣는다
지상에서 달세 물어 하루하루 금빛을 칠하더니
이제는 얼굴에 모스크 사원처럼 황금을 칠한다
걱정 마르지 않는 아등바등 펴고 살았으니
마르고 닳지 않게 성찬을 그려 넣는다
신의 거룩한 세계까지 무사히 안내해 달라고
이집트의 파라오가 되어
사자의 커다란 두 눈도 그려 넣는다
혹시 그 사자가 오리고기를 좋아하실까
훈제 오리를 통째로 얹는다
일생이 파노라마처럼 지나가는 길목에 서면
다시 떠오르는 태양을 위해
빛의 존재와 대면할

지고한 대화목록을 짜고
만개의 바람이 부는 언덕까지
천개의 주문을 담아 봉인한다

잠시 후, 내게서 마른 나물 냄새가 난다
죽은 나무에게서 나는 냄새다

## 돌아온 잔인한 4월
### –세월호 1주기 추모시

뜨겁고 차갑고 따뜻하고 혹독한 1년
세월이 무서운 1년이었다
이건 아니라고 수백 번 마음의 꽃을 걷어내었다
산 사람인지 죽은 사람인지 모를 인고의 시간
마음에선 꽃들이 피어 흐드러져
산과 들에 자주 큰 비가 내렸다
피어만 있을 뿐 열매 없이 지는 꽃
가슴이 먹먹하게 짓밟히는 꽃
어디에 피어도 당당할 내 꽃들아
아름다운 나의 꽃들아

다시 4월이다
너희들이 돌아올 4월이다
팔도에 피어나는 봄꽃이 되어
너희는 만개하여 돌아온다
그리고 우리는 안다
너희들 청춘 팔도에 피어나
이 땅의 부조리와 불합리와 비이성을
갈아엎으리라는 것을
잔인한 4월이 너희의 것임을

4월은 너희가 주인이라는 것을
우리는 팔도에 만개하는
너희를 보고 안다

# 시의 옹립擁立

은하의 이녁에 나와 맑은 여울에 코를 빠뜨리고
애가 끓는 만큼 긴 회랑에 앉아 깊은 한기를 뿜는다
적막을 뚫고 끓어대는 저편, 도시의 자글대는 소리 어지러이 들리네
정적이 대지에 기둥을 심고 여기는 가느다랗게 한 줄 별빛을 긋고

무거운 짐을 지고 높은 산 비박지에 주저앉아 쉰다
첫아이의 웃음에서 떨어지는 꽃잎을 줍던 맑은 기억이
절해로 치닫는 줄기가지처럼 바위틈에 간절히 기대어 오고
가슴속 벼랑, 바스락거리는 소리 귀에 가득 찼네

서천에 기운 별들은 대륙에 비바람이 분다고 들썩거리지
버드나무 가지에 깃든 새집이 격랑 태풍이라고 시끄럽지
호호 불어 대는 작은 입김이 큰 비를 불러 모은다고 발표를 하지
그래, 여기, 찢어진 이파리 하나를 흔들어 폭풍 바람을 불러 볼까나
아니면 머리에 부러 꽂고 펜대 삼아 시를 묵혀 애를 끓여 볼까나

마른 논에 늑대거미가 내 인생처럼 기울어

홀로 님프*을 업고 숲 덤불을 헤치고 나타난다
등딱지에 새카맣게 들어앉은 요정, 어미 등을 타고 앉아
해가 지도록 꼬물꼬물 어미를 흔들어댄다
너덜지대를 지나온 거미의 사사로운 옹립

그가 허공에 지은 허연 그물망 안으로 사라지고야
내가 지은 허룩한 집으로 돌아갈 일에 화들짝 고개 들어
더욱 풀대를 옹립하는 일에 지극으로 허기가 지고

제대로 한번 탈바꿈도 없이 애끓는 성충이 되어
님프를 업고 시를 끓이다 등만 새까맣게 끓여내었나
아니, 화관을 쓰고 화려한 궁전에서 열개의 현을 튕겼나
아니면, 무저갱에서 미사보를 쓰고 간절히 기도를 하였나
그도 아니면, 깊은 밤 샛집에서 불황의 이불을 덮고
창가에 쏟아지는 불멸과 총총 하얀 별을 세었나

지극한 시구 하나 옹립하려 아수라와 악수를 하였나
가슴 아프게 끓어 대는 시를 안고 와락 넘쳐 버린 허랑 세월이었나
그도 아니면, 시에 깊은 키스를 하고 산 입에 거미줄을 치고 있나

우주의 수레에 끼어 시구를 옹립하는 일
해밝은 빛만큼 이다지 끓어올라 반짝거린다

*님프 : 다리는 있으나 움직일 수 없는 상태의 거미 유충.

# 인생은 둥글어졌는가?

사는 것이 모서리를 지우는 일이라고
누군가 저쪽 탁자에 턱을 고이고 있다
그래, 온통 모서리 투성이로 태어나
세찬 강줄기의 상류부터 시작해
옹벽에 부딪치기를 수백 수천 번
모서리가 없어져 자갈이 되는 것
그리고 끝내 모래가 되고
먼지가 되어 사라지듯이
지렁이의 몸속을 지나
억겁을 살아야 하는 것

뒤돌아보니
사는 것은 둥글어지는 일
둥글지 못한 나를 버리는 일
내 인생은 둥글어졌는가?
어디 모가 났는지
혹, 모서리가 남아 있는지
아직도 세차게 남한강 바닥을
더 야무지게 굴러야 한다

# 3부

# 맨발의 99만보 1

## –99만보를 걷는다

마음이 따뜻해질 때까지
인생이 훈훈해질 때까지
황망히 99만보를 걷는다

99만보를 걷는 건
어두운 골목길에 등 밝히는 일
그대의 행복에 미소 짓는 일
떨어질지도 모르는 어느 나락에서
간절히 손을 모으고 기도하는 일이다

그리하여
더 이상 두려움의 바다에 빠져
허우적거리지 않기를
있을지도 모르는 것들에 휘둘려
겁먹지 않기를
어떤 미혹에도 선을 넘지 않고
의연하게 걸어가기를
악마와 마주친 영혼은
돌아보지도 않기를

〈

함께 있어 좋은 가지 풀잎을 엮어
가슴깊이 외로운 꽃을 피우고
맨드라미 씨알 작은 꽃잎에 매달린
새벽 해맑은 이슬이 되어

내 마음이 따뜻해질 때까지
내 인생이 훈훈해질 때까지
힘써 99만보를 걷는다

## 맨발의 99만보 2

–새가 된 박주가리*

박주가리 바가지로
물을 한 뒤웅박 움켜쥐고
만보를 넘어선 발에 뿌렸다
수증기가 하얗게 끓는다
걷다가 걷다가 무거워진 다리가
자주 앉을 곳을 넘볼 때
다시 맨발에 물을 한 뒤웅박 뿌린다
화산이 터진 듯 수증기가 들끓어
얼마를 걸었는지
터질 듯 가슴이 조여오고
다리가 사시나무처럼 후들거린다

육지로 올라온 불가사리처럼
더 이상 걸어서는 안 된다고
빈 몸이 붉은 얼룩으로 물들고

박주가리 솜털처럼 가벼워
걸음을 늦추고 엉거주춤 쉬어보려고
완급의 끈을 쥐고 힘껏 당겨본다
그렇게 하루를 넘기면

다리는 온통 불가사리가
살아나 붉어져 있다

걷는 것인지 서 있는 것인지
아득한 기억집적에 묻혀
흐려진 정신이 아직도 걷고 있다고
알려줄 뿐

99만개의 문장은
온통 걸어야 한다는 일념
몸의 저항을 이겨내는 신념이다
몸에서 오는 저항을 뿌리치지 못하면
99만개의 문장은 길이 될 수 없다

99만개의 문장이 길이 아니면
쉴 곳을 찾아 어디든 주저앉아
도장밥을 파먹고 말테니

*박주가리 : 여러해살이 넝쿨식물. 종자 안에 솜털이 조밀하게 조직적으로 들어 있고 씨앗은 솜털로 싸여 있다. 솜털은 솜 대신 도장밥과 바늘 쌈지를 만들었고 종자껍질은 풀치고는 큰 편인데 바가지처럼 움푹 패여 있다.

## 맨발의 99만보 3
–쉬는 시간이면

쉬는 시간이면
말 비계 위에 종이를 대고
아직도 시가 살아 있다고 적었다
채광된 도시처럼 고철들이 산만하게 떠들고
이런 곳에서 뭘 적느냐고 깔본다
일개미들은 시보다는
깔깔이와 바이스를 집어주면 좋아했다
시 같은 것은 한가한 자들에게 내리는 축복
코웃음이 스프링처럼 튕겨 나왔다
일개미들은 내 방으로 삼고 싶은
안방만한 닥트를 번쩍 들어
하늘에 보기 좋게 매달았다
아이들이 고속도로처럼 달리는 사이에
잡풀은 우거져 웅덩이를 메우고
볼트를 채우는 기계가 되어
종일 방, 방이 하늘 구석구석에
촘촘히 매달리는 것을 보았다
광대한 하늘에 방이 가득했다
꿈에 내려와 채색된 궁전이 되었다
그래, 말 비계를 타는 만큼 걱정이 줄지

이것은 보이지 않는 내일이다
수많은 문장이 내려와
바닥에 가라앉은 오늘을 잡아
끌어 올리고 있었다

# 맨발의 99만보 4

—사막

여기가 어딘지 알 수가 없다
의식이 좀처럼 돌아오지 않는다
내가 누구인지 이름조차 잊었다
도대체 나는 어디서 왔으며 어디로 가는가
나는 누구이며 무엇을 하고 있는가
뜨거운 시간, 내가 살던 곳이 아닌 게 틀림없다
나무 하나 없는 사막에 버려진 것이리
길을 잃은 것인가 길이 없다
깊은 한낮, 어디에서 코 고는 소리 아득히 들린다
코를 고는 안온한 세상 같지는 않다
얼굴이 가렵다 모래가 씹힌다
어깨가 뭉쳐 있고 목이 뻐근하다
여기에서 멀리 도망갈 수 있을까
미로에서 살아남는 희망을 두뇌에 심었다
좌뇌가 부정하지만 우뇌가 인정했다
당분간 우뇌를 따르기로 한다
어디서 들리는지 자꾸만 코 고는 소리가 들린다
불안하더라도 좀 자두어야 하나 보다
무시무시한 수렁의 갈피에서
쉴 수 있는 큰 나무를 찾아야 하나 보다

다시 걷기 시작하면 곤죽이 될 터이니
나도 샌드위치 판넬 위에서
코를 골아야 하나 보다

# 맨발의 99만보 5
—펄럭이는 것들

인식 없는 오체투지의 걸음
어떤 마음도 손 놓을 수 없는
인생 99만보

곤궁의 그림자는 무저갱에 펄럭이고
정치의 나팔들 거리에 펄럭이고
소리 없는 깃발은 마음에 펄럭이고
혁명의 지청구는 귓가에 펄럭이고
청춘은 과거의 시간에 펄럭인다

모든 껍데기를 버리고
떡잎을 말아 올리는 씨알이 되는
검은 가지 끝에 연초록 잎이 무수히 터지는
봄빛이 나무를 타는

오직 문장을 위하여
토끼 눈에 분진마스크를 쓰고
2급 마스크에 여과된 먼지를 지독히 털면서
껍데기로 남는 사연이 깨알같이 적힌
안전가이드를 양손에 들고

천천히 읽어 내렸다
아직은 여린 봄빛을 눈으로 섞으면서
바닥에 뒹구는 포장 비닐을
장판 삼아 앉아서 쉬었다

## 맨발의 99만보 6
### –인생을 찾아서

혈관 복제에 성공한다면
인생을 찾을 수 있을까
복제된 혈관으로 나를 읽어
속속들이 들여다 볼 수 있을까
존재 자체에 대한 인식이며 증명이
혈관인식기에서 들리는 선언이라면
존재의 의미가 된다면
오른손 손등을 금속에 들이대고
500만개 피톨 흘러가는 붉은 강에서
아침마다 하나님을 만나겠다
안일무이하고 서글픈 건 저기 저
인생을 바라보는 무심한 눈이야

무지한 12만km 혈관을
따라가겠노라고
줄을 서서 손등을 들이밀고
줄을 서서 밥을 타고
줄을 서서 화장실에 가는 개미들 속에
찬송과 감사보다 한숨이 많은 숲에서
야윈 인생들이 당신을 만난다

〈

어쩌다 여기까지 왔느냐고
불쑥 까칠한 펀치가 날아온다
어쩌다 협착에 추락에 끼임이 난무하는
난리 통바퀴에 끼어
혼란을 돋우느냐고 성화를 봉송한다
그래, 강의실에서 판서板書하며
생수 같은 철학을 마시기도 했지
혼란이나 파리 같은 목숨은 어디에나 있어
학생들 반짝이는 눈동자 그립지만 더 갈 수 없어
오늘을 끌어안고 여기까지 온 거지

작은 방만 한 닥트를 들어 올리다가
손가락이 잘리는 거, 그거 알아?
잘못되면 골로 가는 거야
비계에서 떨어진 남자는
이 바닥에서 경력이 20년 이래
맹독가스를 마셔 질식한 사람들은
이 바닥에서만 수십 년이래
그러니 신참, 조심해야 해
나이가 한참 아래인 고참이 훈수를 둔다

# 맨발의 99만보 7

–거대냉장고

건물 안은 냉장고처럼
시베리아의 바람이 불어
귀마개를 하고 마스크를 했다
여기에 육지처럼 남풍이 불려면
얼마를 더 기다려야 할까
하늘은 차갑게 하얗게 서리가 껴 있고
아직 발이 시려워 두꺼운 양말을 겹쳐 신었다
귀가 떨어져 나갈 듯 찬바람이 몰아치는
생각보다 차갑고 긴 날이 오늘 속에
하얗게 하품을 하면서 물러서지 않는다

다 채우지 못한 날을 원고지가 움켜쥐고
칸칸마다 캄캄한 울어버린 자욱
여기까지 왔으니
풍요의 녹음, 당신의 채색이 가까이 있다
지금은 먼 시간을 돌아가는 협궤열차 한량

가끔
황소걸음을 놓으며
영혼을 돌보는 시간이 오면

짙푸른 하늘가를 걸으며
무논에서 이만하면 배가 부르다고
개구리 떼 목청 높이는 소리가
이명처럼 들린다
무량한 논이 밤이면 그들의 잔칫날이듯이
점심시간에 아이들이
신나게 작은 운동회를 하듯이
이만하면 낭만을 심을 수 있다고
가끔씩 하늘가를 가리켰다

## 맨발의 99만보 8

–탈탈탈 먼지 연대기

걀걀걀 쇳소리에 지친 팔랑 귀들이
한 움큼 먼지와 친해져 탈탈탈 털고 또 털어
먼지와 범벅이 되어 쉼터에 들어왔지
마른 과자를 꺼내 증기에 말아 먹다보면
온 세상이 스테인레스 닥트야

스텐이 나누어지는 소리에 두꺼워진 귀를 털고
난반사하던 빛을 잡아떼어 던져 버리고
시가 되지 못하는 쇠불 꽃을 바닥에 버리면서
도망 다니던 식권을 찾아 함바에 긴 줄을 섰어

200M 긴 줄은 한 끼에 바쳐진 시간이야
먼지들도 한참 줄을 서야 하는 시간이야
식권카드에 어제 저녁, 오늘 아침이 꾹꾹 남아 있어
앉을 곳을 찾아다니는 신발은 큰 먼지들이지

저 봐라 아무리 밥을 먹어도 줄이 줄어드는 법이 없지
아예 대로 횡단보도까지 세 줄씩 늘어섰다니까
탈탈탈 먼지떨이 기계에 가서 잘 알아듣게
귓방맹이나 털구와 왜 이렇게 못 알아들어

〈

영혼 없는 일개미들이 수백 수천 서로 발에 매달려
치고치고 지치는지 시끄러운 쇳소리에 귀가 멀어
고래고래 고래를 잡는 소리가 왁자하게 쏟아지고
먼지들이 이리저리 뭉치면서 더 큰 먼지가 되어 갔다

# 맨발의 99만보 9
–따따찌(WWW)*

아직 다 지어지지 않은
회색 건물의 이름 따따찌
영어의 약자를 뭔가 심오한
너머가 더 있는 것처럼
인터넷 주소를 입력할 때
맨 앞에 쓰는 대문자처럼
아니면 강력한 힘을 내장한
어떤 기계의 이름처럼
우주를 통치하는 수단인 듯
천하만국의 어떤 통용어처럼
어둠에 존재하는
불의를 무찌르는 정의의 사자처럼

우주가 빅뱅하듯 몰려오던
100% 순수물질이 들어가게 될 따따찌
B급 타이어소리가 격노한 채
긴 해마루 어두워지도록 기다리는 곳
여기는 무저갱
깊이를 모르는 바닥
고요의 결정, 놀라운 신세계

100% 순수만이
신이 되는 곳
신의 세계
범접할 수 없는 순수
따따찌

*오폐수 처리장의 약자.

# 맨발의 99만보 10

—아우슈비츠

아침부터 공장 굴뚝 위의 수증기가
바람을 타고 허공에서 헛돌았다

에폭시수지를 바른 수조에
이름을 적고 분초를 적고 사인을 하고
방진복을 입고 방독면을 쓰고
하얗게 질린 개미들 무저갱으로 간다
산소가 한순간에 사라질 수도 있습니다
절대 이 자리를 떠나서는 안 됩니다
관리자가 산소측정기를 던지고 총총 사라졌다
시시각각 때때로 살았는지 죽었는지 캄캄하고 먼 아래를
내려다보면서 산소측정기를 내려 보내
용존산소량을 분초까지 적고 안심을 기록했다
아무 소리도 들리지 않으면 바닥에 바짝 엎드려
귀를 들이 대고 개미 한숨소리에 귀를 기울였다
갑자기 사망에 이르러 뒤집어진 눈을 보지는 않으리
개미들은 지하에서 커다란 구멍을 뚫어내느라
비지땀을 훔치며 부족한 산소를 크게 들이마셨다
건설사 큰 모자들이 밖에서 혹시 저승이 가까울까
불안한 속내를 감추고 서성거렸다

탈수제가 뿜어내는 가스가
아까부터 머리를 누르고 있다고
큰소리로 떠드는 소리가 들려왔다
머리를 긁으니 한 움큼 머리카락이 쥐어진다
오늘은 집에 가면 식구들에게 잘해줘야지
수조 안은 수지처럼 공기가 굳어
황소만 한 배풍기 여러 대가 바람을 일으켜
굳어버린 공기를 밖으로 내쫓고 있었다
밤이 되어도 다이아몬드 코어드릴이 계속 돌아갔다
대여섯 개미가 일주일은 밤을 새야
끝나는 작업이라고 투덜거렸다
맨땅보다 진득한 공기가 방독면을 뚫고
폐에 돌을 심었는지 재채기가 연거푸 쏟아졌다

# 맨발의 99만보 11

–다시 아우슈비츠

수조 작업에 들어가기 전 산소농도 19.5%
산소량이 다소 적은 편이지만 부족한 것은 아니지
지하에 농도 짙은 후취[後臭]는 측정하지 못하고
수지에 중독된 큰 코가 이대로 문드러져 내릴 듯
서로 코를 싸쥐고 머리를 좌우로 흔들면서
조심조심 아래로 내려갔어

어제의 하얀 개미들이 다시 밀폐공간에
드릴을 잡고 벽을 뚫어대는 소리
어제처럼 MBR 수조에서는 수지냄새가
먼저 콧속을 후비고 들어온다
밖에서 대기하는 날파리들도 시큼시큼
콧속이 뻥 뚫리고 놀라서 가버리지

어디에서 맡았던 전생의 냄새일까
모두가 질색을 하고 돌아서는 이 취향.
돌처럼 심장이 굳는 다던가?
쎈 척하던 병정개미들 머리를 겹겹이 싸매고
방독면을 쓰고 보안경을 쓰고
쉬는 시간이면 기진해서 지옥에서 올라왔지

야리끼리[*]를 건의했어
열악함에 빠져 허우적댈수록 야리끼리가 잘 통했지
에이 씨바 다음 시간에 다 끝내 버려!
돼지 정반장이 드릴 잡는 흉내를 냈어
힘이 센 병정개미들은 이번에 들어가면
모두 끝내 버리자고 입을 모았지

*야리끼리 : 주어진 임무가 끝나면 시간에 상관없이 그날 일이 끝나는 거. 우리말로 할당주기라고 한다.

# 맨발의 99만보 12

–괜찮아 우리

괜찮아 우리,
튤립을 피우는 때가 아니라도
우리는 빨갛게 노랗게 튤립을 피워냈잖아
관중 같은 털복숭이 고사리도 짙푸르게 길러냈잖아
도화 만발할 때 먼지를 친구 삼아 사귀었지
말 더듬던 개미도 데리고 많이 참았잖아
오두방정 깨방정 쏟아내던 촐싹이도 같이 일했잖아
수선화가 노랗게 피도록 우리 쉬지 않았지
냉이 꽃이 피어 억세지도록 쉬지 않았어
밭이 모두 쑥대밭이 되도록 떠들지도 않았지

노래방에서 너의 노래가
그렇게 깊은 줄 그제야 알았네
가까운 공원에서 네 발걸음이
아름다운 걸 이제야 알았지
영화관에 가서야
네 손이 희고 고운 것을 알았네
버스를 타고서야
네가 곡선미 있는 사람이란 걸
시냇가에 앉아 사과를 깎고서야

네 얼굴에 패인 보조개를 보았네

괜찮아, 그렇게 우리
네 손 내 손 서로 맞잡고
한번 돌아보지 않고
이만큼이나 왔잖아

# 맨발의 99만보 13

–노란 하늘

무언지 새벽부터 가슴을 죄어와
한 주가 지나도록 가슴을 쥐어짜 길래
크고 질긴 야채를 서천으로 가늘고 길게
늘여 놓고 오래 씹었다
여기가 거긴가
문득 아이들이 눈앞에 나타났다
의사가 응어리진 혈관을 기록했다
피딱지가 검게 빠져 나왔다
노란 하늘이 해바라기처럼 웃고 있었다
나도 손등에 빛살을 올리고 해바라기가 되었다
머릿속에는 먹물이 다 날아가고
볼트가 훽훽 돌았다
다시 천근만근 어제 그 시간
아직 해는 뜨지 않았다
새벽별도 다 지지 않았다
목에서 입김이 새어나와 구름이 되었다
너의 옆구리를 밀치다가 안전모를 다독인다
어제보다 굵어진 핏줄이 강줄기처럼 시푸르다
강이 어떻게 핏줄을 긋는지 모르는 것은 당연했다
시시콜콜 새끼손가락 끝의 오지까지 닿아 있을

세세한 강 하나하나를 어찌 다 읽을 수 있겠는가
밤이 되자 나보다 더 나의 핏줄을 잘 아는
황금게이트를 지나
나를 떼어 버리고 투박하게 논둑을 돌았다
멀어진 내가 바투 따라왔다
백색소음이 들렸다

## 맨발의 99만보 14
–화농

아침이 되자 기도를 넘어오는
불와[不臥]의 손님을 모두 다 내보냈다
가래를 다 뱉어도 기침이 연거푸 터져
피가 섞여 나왔다
부은 목에서는 소리가 새어 나오고
물을 삼킬 때마다 목젖이 함께 올라왔다
음식을 삼킬 때도 목젖에 힘이 들어갔다
노랗게 화농이 들어 앉아 빠져 나오지 않았다
목줄기에 무엇이 흐르는지 몹시 따끔거렸다
병원에는 가지 않았다
조금씩 쉬면서 기다려 보기로 했다
자주 드나들던 약국에서 약을 샀다
얼굴이 누런 해바라기가 되었다
한숨 자지 못해 걸음이 공중에 떠 있었다
뭐라 말할 수 없는 깊은 한숨이
가슴을 압박해 왔다
샛노란 하늘을 보자 어머니가 떠올랐다
아버지도 함께 나를 내려다보고 있었다
무언가 짭짤하게 입으로 새어 들었다
바람이 세차게 건물을 때리고

나의 따귀를 후리고 갔다
가슴팍을 오므리면서 다시
몇 번의 기침을 더 콜록였다
아침이 길었다
콩가루처럼 정신이 날아다녔다
오징어처럼 한 축이나 늘어졌다

# 맨발의 99만보 15

—끝나지 않는 99만보

자존심 같은 거, 인권 같은 거,
존중 같은 거, 배려 같은 거,
그 옛날 민주주의 같은 거,
사라진 혁명의 그림 같은 거
그 기억은 높은 옥탑방에 잘 모셔두었다

기계와 기계 사이에 문장을 심었나
개혁과 개혁 사이엔 언제부터 곤궁이 있었던가
기계에 끼인 오늘은 맹렬한 구호가 아닌데
누군가에게 구름을 잡아주던 시간이
꿈속에 나타나 신발주머니를 돌리고 있다
안개에게 몰입을 가르치는 시간
긴 가방끈 필요 없이 허덕이는 세월
머리 둘 곳이 없어 어지러운 자욱
지갑의 먼지를 털며 동전을 세는
99만보의 아침이다

돌아보지 않고 걸어야하는 시간
잘되었는지 잘못되었는지 돌아볼
반성 같은 것은 애초부터 존재하지 않았다

그냥 앞으로 앞으로 밀려갈 뿐이다
누가 앞서고 뒤서고도 문제가 아니다
그냥 가고 있다는 것, 그것이 중요하다
한 물결에 우리가 밀려가고 다시 밀려오고

아버지는 가방끈이 없어 자존심을 버리더니
나는 가방끈이 길어도 자존심을 버린다
낯선 천국에서는 누군가를 사랑할 시간도 없다
네가 인간이라는 것을 아무도 알지 못하기 때문이다
온통 얼굴을 안전모와 마스크로 가리고
네가 돼지코인지 소머리인지
고양이발톱인지 닭의 부리인지 분간이 되지 않는다

토끼처럼 큰 귀를 달고 재빨리 뛰는 것이
최고의 미덕이 되는
끝나지 않는 99만보

## 맨발의 99만보 16
–접경지역

지난날의 접변
90˚ 각도로 뛰고 걸었지만
삼만 육천 보, 25km를 걸었지만
한바탕 피기침으로 가래를 뱉었지만
아침이 되자 재빠르게 이불을 말아 올리고
멀쩡하게 한 걸음 내딛어 지나친 용맹으로
시푸른 정맥을 통과게이트에 갖다 댔다
어서 나를 읽어대라고 바짝 손등을 들이 댔다
혈관인식이 지워진 개미들 때문에
게이트 주변이 시끄러웠다
원청에서 혈관지도를 지웠다고 했다
일당으로 대변되는 매일 고용
편집되어 사라진 미래가 아우성이다
인증이 성공하였습니다!
나를 읽은 게이트가 돌아갔다
오늘도 시작이구나
오늘은 어디까지 갈까
접경지점을 확인하였다

오가는 길에 채송화 씨를 뿌렸는데

시멘트로 메워져 있었다
채송화 꽃잎에 입술을 댈 수 있을까
길목에서 만난 바람은 줄기차게 불어대고
바람은 누구에게나 불어온다고 했다
바람을 피해가는 개미도
바람을 맞는 개미도
바람을 기다리는 개미도
모두 바람에 속해 있다고 했다
엄지손가락은 붕대로 매어져 있고
핸드폰 메시지에 검지는 오타를 남발했다
해를 마시는 아침이 오면
별이 남김없이 숨어 버렸다
하루해를 다 마셔야 별이 다시 나왔다
노상에서 안개를 만나기 전까지는
아무도 만날 수 없었다

## 맨발의 99만보 17
–회색 게이트

다시 접경지역 게이트를 통과했다
회색 게이트에 손등을 갖다 대면
무풍지대를 걷는 청량한 아나운서의 목소리
낯선 천국에서 기계음을 뚫고 들려온다
길인지 아닌지 하얀 정신 위에 서 있는 사이
어제보다 부은 손등을 냉큼 읽어 돌아가는 게이트
퉁퉁 부어 잘 오므려 지지 않아도
손등에 피가 응어리져 있어도
칼자욱으로 난삽한 지도를 추가하여도
오차 없이 얽혀 있는 혈관을 읽었다

먹물이 다 없어진 머리에서는 매일 김이 오르고
하루를 다 세어야 날이 저물었다
오늘이라는 86400초가 재깍거리기 시작하면
햇빛의 눈금을 빠짐없이 다 세어야 했다
하나라도 빼놓고선 하루가 다 가지 않았다
뼛속 깊이 초침을 새겨 놓아야 한다
말 비계를 잡고 새겨야 한다
대차를 밀면서 기억해야 한다
정신을 밀치면서 기록해야 한다

부은 목에 목도리를 감고도 적어야 한다
해가 지고 내 정신을 실험하던
바람은 안개를 만나러 갔다
모질게 부는 바람을 보면서
물처럼 흘러가기를 간절하게 기도했다
별 속에 숨어버린 어제와 내일이
정말 안타깝다는 말을 건네 왔다
악다구니를 칠 것도 아닌데
모질게 별을 쫓지 않아도 되는데
오늘이 서럽게 운다
어제는 기억에 없다
내일은 더더욱 알 수 없다

## 맨발의 99만보 18
–문장의 별

내 문장을 내일이라고 말하지 않기로 했다
별이 없는 문장이 줄지어 있는 까닭이다
여기서 목숨 같은 거 파리에 지나지 않으니
–사실 목숨은 파리하고 늘 동격이다
강단에 있을 때도 앞길이 칠흑이라
다음 학기에 심줄을 찾느라 목이 메더니–
몸이라도 숨길 동굴을 찾아
낭패를 문패로 달았다
하루 삼만 보가 넘으면
막막한 검은 하늘을 보면서
혈관인식게이트를 지나
집으로 갈 수 있었다

걸으면서 안개에 뿌리를 내리고 있는
다리를 힘겹게 건져 올렸다
요즘 자유에 뿌리를 내리는
종족이 있다는 소문을 들었다
나의 인생은 지하에 뿌리를 내리고 있으므로
해가 뜰 때까지 너를 기다리기로 했다
별빛이 희미하게 내려오고 있었다

〈

가끔 민들레처럼 땅에 주저앉아
먼지를 뒤집어쓰고 웃었다
빗발이 땅에 스미는 날이면
허연 먼지들이 비를 따라갔다
손발에 묻은 먼지들도 비를 따라갔다
먼지가 쌓여 언제 뽕나무 밭이 되려나

# 맨발의 99만보 19
## –펀치

다 된 의상을
찢어버리는 것쯤이야
날아가는 것처럼 쉽지
다만, 몇 번이고
다시 찢어발겨야 하다니
어제 피었던 불꽃 쇳가루 위에
오늘의 불꽃 쇳가루를 얹어
사방에 불빛을 흩뿌리며
오래 기억될 뻔한 기억
억겁의 한 조각을
매정하게 뜯어야 하다니

낭만 같은 것이
쇠가 아니길 참 다행이다
찢고 뜯기느라 그라인더 쇠불꽃이
방염포를 찢고 날아가는데
낭만인들 어찌 상처를 입지 않겠는가?

안전 면을 한 개미의 검은 얼굴에도
선연한 핏자국이 스치는데

# 맨발의 99만보 20
—슬러지 콜렉터

오니汚泥들 오글오글 모여
수다 잔치를 하느라 물밑이 희뿌옇다
수다가 많으니 오니가 쌓이지

펄펄 뛰는 심장 밑에
슬러지 콜렉터가 몰래 숨어 있다
심장에서 수다를 떨던 오니가 모이면
아무도 모르게 스크레이퍼가 돌아
우리들의 수다를 낚아채어 가버리는

모여 앉은 수다를 순간 휘파람으로
사립문 밖에 내보내는 것
우리의 휴식이 순식간에 우주로 방출된다
방금 퍼 올린 깊은 암반수가 된 심장
어머니처럼 두 손을 모으고
소원을 빌어 본다

몸 안에 엄청 수다가
수억 년의 DNA를 따라
희뿌여니 둥지를 틀었다

오래된 인생 유적
곧 스크레이퍼가 돌 것이다
흩어지지 않게 살살 긁어내면
귀 밝은 정화수가 되어
손 모으고 간절히 구하는 기도
남김없이 들어주는 접신의 물이 된다
지극한 소원, 답이 멀지 않다

# 맨발의 99만보 21
–세입자

혼탁에 곪아
고름이 앉아
누런 화농
탄소를 배출하면서
병균의 큰 집이 되었다
어떤 기침으로도
내보낼 수 없는 세입자
집세는 내지 않고
수리비만 들어가는
세입자

엄마의 치맛자락 섶에
하루만큼의 시간을 칭얼대면
12월의 입김처럼 허연 구름이
목에서 나와 하늘로 올라갔다

딸이 이마에
물수건을 얹어 주었다
아들이 손을 잡으며

다리를 주무르고 있었다
불방망이질을 하던 얼굴에
붉은 꽃이 피었다
하루가 삭아
사위어 들고 있었다

## 맨발의 99만보 22
–생각보다 위중한 당신

당신의 입술을 보니
질식중이군요
여타의 유해가스가
가슴깊이 잔존 중이라는 증거
숨을 양껏 들이마셔 주시기 바랍니다
당신이 폐파포립幣破袍笠이라
시간 단위로 호각을 불어야 할지
질식을 순간, 버텨야 하는지
당신의 신변이 걱정입니다
신호는 포착이 중요해요
배풍기가 잘 돌고 있는 데도
산소농도가 낮아
입술이 새파란 당신
당신은 청색증이군요

안면이 백목련이 되고
의식이 칠흑 같은 당신
당신이 자신을 책임진다거나
스스로 무엇을 할 수 있다고
단정하지 마십시오

당신의 실신, 혼절은
긴급조치위반이지요
당신의 가슴을
수십 차례 짓눌러
호흡을 불러와야 합니다

생각보다 위중한 당신

■□ 해설

# 극기의 삶, 미완의 생 99만보

김선주(문학평론가, 건국대 겸임교수)

## 1

모처럼 "옹립(擁立)"이란 시어를 만났다. 시인 김신영은 "소리의 옹립"을 통하여 궁극적으로 "시의 옹립"을 갈망한다. 아니, 시의 옹립은 곧 시인의 내면에서 우러나는 소리 '영혼의 울림' 그 자체다. 그것은 폐부를 찌르는 단말마의 외침이고 피와 땀의 결정체다.

제대로 한번 탈바꿈도 없이 애끓는 성충이 되어
님프를 업고 시를 끓이다 등만 새까맣게 끓여내었나
아니, 화관을 쓰고 화려한 궁전에서 열개의 현을 튕겼나
아니면, 무저갱에서 미사보를 쓰고 간절히 기도를 하였나
그도 아니면, 깊은 밤 샛집에서 불황의 이불을 덮고
창가에 쏟아지는 불멸과 총총 하얀 별을 세었나

지극한 시구 하나 옹립하려 아수라와 악수를 하였나
가슴 아프게 끓어 대는 시를 안고 와락 넘쳐 버린 허랑 세월이었나
그도 아니면, 시에 깊은 키스를 하고 산 입에 거미줄을 치고 있나

우주의 수레에 끼어 시구를 옹립하는 일
해밝은 빛만큼 이다지 끓어올라 반짝거린다

—「시의 옹립」 부분

받들어 모신다는 뜻의 한자어 '옹립(擁立)'에 역사적 의미를 부여해 본다. 흔히 왕으로 추대하거나 위대한 인물을 세울 때 쓰이는 단어인 만큼 시인이 추구하는 '좋은 시'에 대한 열망 또한 클 것이다. 파블로 네루다의 "시가 내게로 왔다"의 시구처럼 매 순간 '시어'를 제왕처럼 소중히 받드는 마음이 느껴진다.

매일 밤, 하늘의 별빛을 바라보며 공상에 잠긴다. 아늑하고 한적한 곳을 찾아 산골짜기 도피처로 옮겨도 "저편, 도시의 지글대는 소리"에 맥박 수는 빨라지고 영혼 없는 시인이 되기 싫어 또다시 안간힘을 쓴다. 가난한 시골에서 여린 몸뚱이에 유충(=님프) 같은 아이를 업고 간신히 살아가는 모자(母子)의 형상은 산비탈에 세워진 "거미의 사사로운 옹립"처럼 위태롭다.

그의 시 쓰기는 "산 입에 거미줄을 치고" 빛나는 "시구 하나" 찾기 위해 악의 신 "아수라"와도 손잡고 싶은 심정이다. 누군가는 애벌레에서 나비가 되기까지 숱한 밤을 지새우며 극기의 과정을 거쳤으리라.

어느 날 문득 깨닫는다. 그의 인생은 형벌처럼 "제대로 한번 탈바꿈도 없이" 어설픈 돌연변이 "애끓는 성충"의 모습으로 서 있다. 몹쓸 죄인의 너울을 쓴 채 "무저갱"에 갇혀 있다. 이토록 세상은 절대 벗어날 수 없는 굴레로 영원한 감옥이자 지옥이며, 비극의 현장이다. 그 와중에 시인의 꿈은 살아 있다. 하늘과 땅을 통틀어 세상천지 및 "우주"에서 가장 빛나는 "시구를 옹립하는 일" 그것이 진정한 시인의 사명이기에 오늘도 생각의 골짜기를 찾아 헤맨다.

오래되었어, 바위틈에 세 들어 사는
내 활자들이 이 거리를 쓸면서 비척거린 지는.
붉은 미진微塵이 수목과 큰 강을 지나
길에서 길을 만나 깔깔거렸지

바위산에서는 내 정보가 네게로 넘어가는 소리
화면에 담겨 아우성치느라 그 끝이 환하다
소리에 네가 담겨 오고 내가 담겨 가고
미세한 소리 하늘을 넘어 걷잡을 수 없어
대머리 독수리는 폭풍을 쏘아 우주까지 제압하
였다

하여, 소리 내지 마라, 누군가 너를 낱낱이 읽으리
움직이지 마라, 너의 발자국 남김없이 읽히리
울지 마라, 너의 울음 구곡간장 곡곡에 들리리
가지 마라, 준비하지 않았다면 실망뿐이리

잘생긴 얼굴 왕느릅나무가 황제로 옹립되어
파리들 둥글게 모여 열렬하게 박수치는 소리가
울린다
고사목 군락에서 그가 가지를 흔들며
헛기침하는 소리 계곡에 가득히 울린다

–「소리의 옹립」 전문

위의 시 「소리의 옹립」에서 고안해 낸 "활자"들은 너덜지대 "바위틈에 세 들어" 산다. 그 활자들이 작디작은 먼지가 되어 산천초목을 떠돌며 "깔깔" 소리 내어 웃는다. 활자엔 각종 "정보"가 담겨 생각이 춤을 추고 "내 정보"와 네 정보가 섞여 불안한 화음을 이뤄낸다. 어느새 미묘한 합창이 시작되고, 내 소리와 네 소리를 도통 구분할 수가 없어 세계와 "우주"도 시나브로 카오스 상태다. 당신과 나의 마음 깊은 곳에 자리한 각종 활자와 소리가 미친 듯 굽이굽이 흩날린다. 어디든 찾아가서 듣게 되는 소리의 만찬! 겸허한 자세로 소리를 낮추고, 한 맺힌 마음속을 감추려면 "소리 내지" 말라고 충고한다.

병든 고목들이 즐비한 곳에도 "진초록 물이" 든다. 때론 죽은 나무도 생태계에 활력소가 되어, 숱한 곤충을 먹여 살리고 희생의 진가를 발휘한다. 연이어 생명체의 부활 및 재생의 원동력이 된다. 그들 "고사목"이 온갖 만물의 소리와 자연의 소리 그리고 집 없는 유랑자의 "발소리"에 맞춰 극한 리듬을 탄다.

## 2

「엉거주춤」은 경계의 미학이다. 그의 삶에 감도는 고단한 기운이 슬픔을 불러온다. 쉼 없이 달리는 가파른 인생길에서 불현듯 누군가 그립다. 무엇을 위해서 끊임없이 춤을 추는가? 우스꽝스러운 모습의 "엉거주춤" 상태로 값진 시간이 흘러버리고 받은 대가는 얼마나 유용한가? 정작 중요한 것, 소중한 것을 잃은 지 오래다.

이 춤에 대해 들어본 적이 있나요?

이도 저도 아닌
사람들의 엉거주춤은
얼마나 고단한 춤사위인가요?
이쪽도 저쪽도 아닌 인생들이
엉거주춤 거리며 거리에 떠돌고 있어요
살아가는 일이 무척이나 고된
발라드풍도 섹시한 댄스도 아닌
정말이지 인기 하나 없는
이 춤사위

한번
추어
보실래요?

–「엉거주춤」 부분

화자의 마음이 내포된 "엉거주춤"에 나름 진솔한 표현이 엿보인다. 이러지도 저러지도 못하고 망설이다가 어느 곳에도 예속되지 못한 경계인의 비애가 느껴진다. 반면, 평소 인식하지 못했던 사실을 깨닫는 지점이기도 하다. 그야말로 '엉거주춤'은 저녁도 밤도 아닌, 고전도 현대도 아닌, 이쪽도 저쪽도 아닌, 발라드도 댄스도 아닌 그 틈 어딘가에 자리한다.

틈 언저리에서 때로는 동요하고, 때로는 깊은 고독에 이방인처럼 소외감이 들어도 '엉거주춤'은 이분법적 관념이나 흑백의 프레임에 갇히지 않는다. 그는 입체적으로 대상을 바라보고 다각도에서 파악하려는 면모를 지닌다. 고정관념에서 벗어나 시야를 넓히고 독창성(=의외성) 및 창의성을 발휘한다. 작은 민들레 홀씨가 돌 틈에 끼어 아름다운 꽃을 피우듯이 '엉거주춤'의 인생도 지금은 비록 고달프고 초라하나 언젠가는 이쪽과 저쪽을 조율하고 양쪽을 아우르며 주변인이 아닌 주요인물로 거듭날 것이다.

돌이켜보면,
나를 흔들어 대던 바람은

한밤의 먼지에 불과했습니다
태양 같은 강열로 후벼내던 가슴도
지나간 밤기운에 불과했습니다
손사래 치며 나를 거부하던 문장까지
불볕에 사라지는 물기에 불과했습니다

잊고자 누워 있던 바위에서 싹이 틉니다.
삶을 끊고자 던져버린 불모지에도
번뇌가 싹이 틉니다.

— 「적멸寂滅」 부분

위의 시 "적멸(寂滅)"은 이른바 고요한 소멸이며, 그것은 곧 죽음과 연계된다. 또 다른 측면에서 '죽음'은 그저 단순 소멸에 불과하지만, 불교적 관점에서 '적멸'은 번뇌의 세상을 벗어난 높은 경지로, 세상의 경계를 떠난 '열반'의 세계를 의미한다.

오래도록 별 탈 없이 잘 살 것 같았다. 이 땅의 삶을 위해 노력한 흔적은 "한밤의 먼지"처럼 덧없고, 성공을 위해 달려온 피나는 열정도 "불볕에 사라지는 물기"처럼 허무해졌다. 경쟁의 구도에서 치열한 삶을 영위하다 세상 모두가 "헛되고 헛되다"고 느낄 때 자신을 비롯한 주변인들에 "긍휼"의 감정이 솟구친다. 죽음 너머에는 무엇이 있을까? 시인은 독실한 크리스천이라 영생의 세계를 믿을 것이다. 급기야 "한 사람이 떠나고" 하늘이 온통 노을빛으로 물들면 소소한 일상은 물러가고 아늑

한 적멸의 세계가 펼쳐진다.

### 3

김신영의 3시집 『맨발의 99만보』는 우리 삶의 애환과 극기(克己)의 과정을 보여준다. 그의 이야기처럼 99만보는 하루에 만보씩 걸으면 99일이 혹은 석 달하고도 9일이 걸린다. 하루에 걷는 걸음의 형태와 숫자가 자로 잰 듯 늘 똑같거나 일치하는 건 아니다. 어제는 5천보, 오늘은 2만보의 걸음이 필요할지 모른다.

일상을 치열하게 살아내는 시인의 말이 인상적이다. "하루 3만보 이상을 걸으려면 서울 시청에서 과천까지 걸어야 하지요. 몹시 힘든 걸음입니다. 그러나 삶은 그때 내게 99만보로 다가와 있었어요. 힘들지만 해내야 하는 걸음 맨발의 99만보입니다." 100만의 숫자에 못 미치지만, 앞으로 걸어야 할 험난한 인생길이 99만의 숫자에 담겨 넘실댄다. 편한 신발도 없이 맨발로 가시밭길을 걷는 미완의 생 99만보 '극기의 삶'인 것이다.

자존심 같은 거, 인권 같은 거,
존중 같은 거, 배려 같은 거,
그 옛날 민주주의 같은 거,
사라진 혁명의 그림 같은 거
그 기억은 높은 옥탑방에 잘 모셔두었다

------ 중략 -------

아버지는 가방끈이 없어 자존심을 버리더니
나는 가방끈이 길어도 자존심을 버린다
낯선 천국에서는 누군가를 사랑할 시간도 없다
네가 인간이라는 것을 아무도 알지 못하기 때문
이다

–「맨발의 99만보 15」 부분

위 시에 현실의 가혹함이 묻어난다. 연작시의 형태로 쓴 「맨발의 99만보」 22편은 시인의 자화상이라 해도 과언이 아니다. 그의 현실, 꿈과 사랑, 가족애가 살아 숨 쉬고 때때로 가난을 벗고자 애쓰는 생활인의 모습이 담겨 있다. 때론 윤리와 도덕, 인간과 신앙의 문제에 부딪히기도 하고, 나뭇잎 같은 자존심에 신념마저 사라질까 밤새 눈물짓기도 한다. 그런데도 시인은 끝없이 행군한다. 영원히 끝나지 않을 것 같은 "99만보"가 힘겹고 아프지만, 어둠 속에 빛나는 "촛불"처럼 소박한 열정으로 살아가고자 한다. 모두의 "행복"을 위하여 두 손 모아 기도하고, 나와 닮은 가난한 이들과 어울려 "마음이 따뜻해질 때까지/ 인생이 훈훈해질 때까지" 걷고 또 걷는다.

99만보를 걷는 건
어두운 골목길에 등 밝히는 일
그대의 행복에 미소 짓는 일
떨어질지도 모르는 어느 나락에서

간절히 손을 모으고 기도하는 일이다

그리하여
더 이상 두려움의 바다에 빠져
허우적거리지 않기를
있을지도 모르는 것들에 휘둘려
겁먹지 않기를
어떤 미혹에도 선을 넘지 않고
의연하게 걸어가기를
악마와 마주친 영혼은
돌아보지도 않기를

–「맨발의 99만보 1」 부분

맨발로 99만보를 행군하는 나날의 삶이 고달프다. 그 걸음걸음을 행복으로 바꾸려 애쓰지만, 뜻대로 되는 건 아니다. 시인은 고된 인생길에서 "악마와 마주친 영혼은/ 돌아보지도 않기를" 간절히 기도한다. 때로는 달콤한 "미혹"의 손길에 붙잡혀 오염된 길을 걷게 될까 노심초사한다. 다행히 그의 마음은 확고하다. 어떤 상황에서도 "겁먹지 않기" 어떤 순간에서도 "의연하게" 걷기를 철칙으로 내세우며 미래를 설계(design)한다.

누군가의 말처럼 각자의 인생은 "홀로서기"를 실현해야 한다. 그 누구도 타인의 삶 혹은 나의 삶을 대신 살아주지 않는다. 나와 너의 운명이 다르고 삶의 행로를

예측할 수 없기에 정신을 바짝 차리고 주어진 삶을 최선으로 일궈내야 한다.

인생은 걸음을 걷는 것으로 시작한다. 한 걸음부터 시작되는 인생은 99만보에 이르기까지 최선을 다하여 살아내야 할 의무가 있다.